LES BLESSURES DE LA FRANCE

DISCOURS

PRONONCÉ A SAINT-AUGUSTIN LE 25 FÉVRIER 1872

EN FAVEUR

DE LA SOCIÉTÉ DE SECOURS AUX PAYSANS FRANÇAIS RUINÉS PAR LA GUERRE

PAR

LE P. ADOLPHE PERRAUD

PRÊTRE DE L'ORATOIRE

PROFESSEUR D'HISTOIRE ECCLÉSIASTIQUE A LA SORBONNE

SE VEND UN FRANC

AU PROFIT

DE LA SOCIÉTÉ DE SECOURS AUX PAYSANS FRANÇAIS

PARIS

CHARLES DOUNIOL ET Cie
LIBRAIRES-ÉDITEURS
29, RUE DE TOURNON

ADRIEN LE CLÈRE ET Cie
LIBRAIRES-ÉDITEURS
29, RUE CASSETTE

1872

LES

BLESSURES

DE

LA FRANCE

PARIS. — TYPOGRAPHIE LAHURE
Rue de Fleurus, 9

LES

BLESSURES

DE

LA FRANCE

DISCOURS

PRONONCÉ A SAINT-AUGUSTIN LE 25 FÉVRIER 1872

EN FAVEUR

DE LA SOCIÉTÉ DE SECOURS AUX PAYSANS FRANÇAIS RUINÉS PAR LA GUERRE

PAR

LE P. ADOLPHE PERRAUD

PRÊTRE DE L'ORATOIRE

PROFESSEUR D'HISTOIRE ECCLÉSIASTIQUE A LA SORBONNE

SE VEND UN FRANC

AU PROFIT

DE LA SOCIÉTÉ DE SECOURS AUX PAYSANS FRANÇAIS

PARIS

CHARLES DOUNIOL ET Cie
LIBRAIRES-ÉDITEURS
29, RUE DE TOURNON

ADRIEN LE CLERC ET Cie
LIBRAIRES-ÉDITEURS
29, RUE CASSETTE

1872

LES BLESSURES DE LA FRANCE

Ite, angeli veloces, ad gentem convulsam et dilaceratam, ad gentem expectantem et conculcatam, cujus diripuerunt flumina terram ejus.

Allez, messagers rapides, volez vers la nation secouée et déchirée, vers la nation foulée aux pieds et qui vous attend, vers la nation dont les fleuves ont détruit les campagnes.

(Isaï, XVIII, 2).

C'est ce que vous avez fait, Messieurs, dans la spontanéité de votre charité et de votre zèle.

Je vous ai vus, au milieu même des horreurs de la guerre, vous élancer vers ces campagnes ravagées, ces villages incendiés, ces populations affolées de terreur qui fuyaient de toutes parts, et se trouvaient réduites tout d'un coup à la plus effroyable misère.

Vous m'avez appelé ici pour seconder vos efforts, et prêter à votre œuvre de dévouement le ministère de cette parole apostolique qui ne demande jamais en vain, quand elle demande au nom de la charité de Jésus-Christ.

Je suis venu, et de grand cœur.

N'avions-nous pas naguères travaillé ensemble à une autre œuvre, née, elle aussi, des plus pures inspirations de l'Évangile ?

Lorsque, faisant appel aux hommes de bonne volonté, au nom de Celui qui avait dit : « J'étais captif, et vous m'avez visité, « *in carcere eram et visitastis me*, » nous avons fondé à Bruxelles, en décembre 1870, la société de secours pour le soulagement de nos malheureux prisonniers de guerre, n'avais-je pas reçu de plusieurs d'entre vous le concours le plus empressé et le plus actif ?

Tristes, et en même temps, consolants souvenirs, qui nous autorisent à dire, avec saint Paul, que « là où le mal avait abondé, la charité et l'amour ont surabondé. *Ubi abundavit delictum, superabundavit gratia.* (Rom. v. 20).

La création de votre œuvre pour l'assistance des paysans français dans les départements ravagés par la guerre, en est une preuve nouvelle. Vous avez repris, continué, développé la mission réparatrice qu'avait inaugurée, en Belgique, le *Comité du Pain*, dont les secours ont été si précieux dans les Ardennes et dans la Moselle, à la suite des terribles épisodes de Sedan et de Metz[1].

Mais tandis que les œuvres qui s'étaient proposé de soigner les blessés et de visiter les prisonniers ont vu leur tâche se terminer peu de temps après la conclusion de la paix, vous, Messieurs, vous n'êtes pour ainsi dire qu'aux débuts de votre charitable entreprise. Les blessés se guérissent ou succombent; les prisonniers reçoivent la liberté de la paix ou de la mort; mais ce n'est ni en quelques semaines, ni même en quelques mois qu'on rebâtit les villages détruits, et qu'on répare les maux de toutes sortes faits aux populations des campagnes par les violences de la guerre, et par son droit souvent plus brutal que ses violences. Vous avez besoin de nombreuses ressources. Pour en

1. Le *Comité du pain* était présidé par le comte Louis de Mérode; la *Société internationale de secours pour les prisonniers de guerre*, par le comte Charles de Mérode-Westerloo. Ce nom glorieux des Mérode, qui tient une si grande place dans la revendication des libertés de la Belgique, s'est acquis des droits impérissables à la reconnaissance de la France.

trouver, il faut qu'on connaisse votre œuvre, qu'on sache ce qu'elle a déjà fait, les services qu'elle a rendus, le bien inappréciable qu'elle a produit : tel sera le but de ce discours.

Mais quoi! me bornerai-je à parler des désastres matériels de la pauvre nation déchirée, ébranlée, foulée aux pieds? Ne profiterai-je pas de cette occasion pour inviter cet immense auditoire, non-seulement à aider par une aumône généreuse une œuvre si opportune, mais encore, mais surtout, à donner toute son attention, toutes ses sympathies, toute sa bonne volonté à une autre œuvre plus nécessaire encore?

Dimanche dernier[1], mes frères, commentant devant vous une parole d'un des prophètes d'Israël, je vous disais avec Elie[2]:

Il faut prendre parti; il faut mettre de la logique entre vos principes et vos actes!

Il faut, pour rappeler le mot de Bossuet, se déterminer, et mettre de l'efficace dans les voies de la piété.

1. Sermon du premier dimanche de carême, à Saint-Augustin.

2. Usquequo claudicatis in duas partes? Si Dominus est Deus, sequimini eum; si autem Baal, sequimini eum. (III Reg. XVIII, 21).

Aujourd'hui, après vous avoir montré les ruines de notre pays, je vous dirai : il faut guérir les blessures de la France ; et non-seulement les blessures de son territoire, c'est-à-dire de son corps, mais les blessures de son âme.

Et il les faut guérir sans retard ; car « les blessures sur lesquelles on ne met ni remède, ni appareil, ni baume, deviennent bientôt des plaies qui s'enveniment et engendrent promptement la corruption et la mort. » *Vulnus et livor et plaga tumens, non est circumligata nec curata medicamine, neque fota oleo.* (Isaï. I, 6.)

I

Que de fois, mes frères, lisant et relisant sans cesse le recueil des Écritures, au milieu de ces cruels désastres de la patrie qu'il m'a été donné de voir de si près, que de fois il m'a semblé y trouver racontée en traits de feu, et dans un langage plus haut que celui des hommes, notre propre histoire, l'histoire de notre chère et malheureuse France !

Oui, en vérité, dans les grâces de choix dont notre pays a été l'objet, dans les prévarications dont il s'est rendu coupable, dans les effroyables châtiments qui ont suivi et puni ces prévarications, l'histoire de la nation française offre, avec celle du peuple de Dieu, les plus saisissantes, les plus douloureuses, les plus instructives analogies.

Commençons par ce qui est incontestable, par ce que personne ne peut nier; car, enfin, quand même on aurait oublié ces prévenances de la miséricorde divine, qui sont l'histoire providentielle de la France pendant plus de quatorze siècles; quand même, par une triste conséquence de cet oubli, on ne voudrait pas voir le caractère de châtiment dans les malheurs qui nous ont frappés, il y a du moins quelque chose qu'il est impossible de méconnaître, c'est le degré inouï, vraiment exceptionnel de ces malheurs.

Déjà, de toutes parts, sous les formes les plus différentes, par la plume de mille témoins oculaires, ces malheurs ont été racontés, décrits, mis en scène. L'histoire, la statistique, la stratégie, le théâtre, le roman lui-même s'en sont emparés. Et si je nomme le théâtre et le roman, c'est pour les avertir que, en dépit des imaginations les plus inventives, ils n'égaleront jamais la terrible simplicité des horreurs dont notre pays a été la victime, et que, nous, nous avons vues de nos yeux et touchées de nos mains.

Or, je le répète, je ne sache pas un de ces désastres, pas une de ces calamités dont je n'aie trouvé la saisissante description dans nos livres saints.

Ce sera en parler avec un respect plus religieux, et ce ne sera pas en parler avec une compassion moins tendre, que d'emprunter, pour les décrire, les gémissements sublimes dont les prophètes sont remplis devant les maux dont Jérusalem et la Judée furent accablés, quand la main du Seigneur s'appesantissait sur un peuple que la patience divine n'avait fait qu'endurcir.

Que de fois donc, pendant ces deux néfastes années, nous avons, comme Jérémie, pleuré et soupiré dans l'amertume de notre âme! Nous disions, avec le prophète :

« La reine des nations est devenue semblable à une veuve! La reine des cités est devenue tributaire[1]. L'ennemi a porté la main sur tous ses trésors[2].

« Hélas ! a pu dire cette reine des nations, le Seigneur a convoqué une armée pour briser mes hommes d'élite et il m'a foulée comme sous un pressoir[3].

« L'ennemi a triomphé ! Mes fils ne sont plus ! Mes enfants sont allés en captivité ! Aussi, ma tribulation est au comble, mes entrailles sont déchirées ! Au dehors, c'est le glaive qui tue, au dedans, c'est la faim ![4] »

Et elle a pu crier à Dieu et aux hommes.

Elle a pu crier à Dieu : « O Seigneur, moi, dont la gloire faisait naguères l'envie du monde entier, voyez à quelle profondeur d'humiliation je suis réduite[5] ! »

1. « Facta est quasi vidua domina gentium ; princeps provinciarum facta est sub tributo. » (*Lament. Jer.* I, 1.)

2. « Manum suam misit hostis ad omnia desiderabilia ejus. » (*Id. ib.* 10.)

3. « Dedit me Dominus in manu de qua non potero surgere. Abstulit omnes magnificos meos Dominus de medio mei ; vindemiavit me Dominus ; torcular calcavit. » (*Id.*, *ib.*, 14, 15, 12.)

4. « Facti sunt filii mei perditi, quoniam invaluit inimicus. Juvenes mei abierunt in captivitatem. Conturbatus est venter meus. Subversum est cor meum in memetipsa. Foris interficit gladius, et domi mors similis est. Quæsierunt cibum sibi ut refocillarent animam suam. » (*Id.*, *ib.*, 16, 20, 19.)

5. Quam vilis facta es nimis (*Jer.* II, 36.)

Et elle a pu crier aux hommes, aux peuples, à ces peuples qu'autrefois elle allait secourir dans les élans de sa générosité chevaleresque, assez riche pour payer sa gloire, assez bonne pour donner sans compter son or et son sang; à ces peuples auxquels elle avait porté la lumière, la civilisation, la liberté, et qui, hélas! l'ont oubliée aux jours de ses détresses, oui, elle a pu leur crier :

« O vous tous, qui passez par le chemin, *O vos omnes qui transitis per viam*, par ce chemin de l'histoire qu'encombrent les ruines de tant d'empires écroulés, voyez et dites s'il y a une douleur comparable à ma douleur, *attendite et videte si est dolor sicut dolor meus* (Lam. Jer. I, 12.)

Ces paroles, mes frères, vous les trouverez au premier chapitre des Lamentations de Jérémie! Dans cinq semaines, au jour des grandes désolations, elles seront chantées sur un rhythme lugubre par l'Église, en face de la croix ensanglantée de son époux! Or, je le répète, ces paroles, c'est notre histoire; ces lamentations, nous avons le droit de les redire devant cette croix où la France, notre mère, a été clouée et a perdu le meilleur de son sang!

C'est encore Jérémie, que j'appellerais volontiers le chantre divin des grandes douleurs nationales, qui décrit — comme s'il avait vu nos ennemis — cette agglomération de tous les peuples des royaumes de l'aquilon, venant fondre sur Jérusalem[1], ces peuples du nord, qui sont cruels, impitoyables[2].

Après lui, Ézéchiel représente ces rois du nord, ayant à leur tête Nabuchodonosor, le roi des rois, fondant sur la Judée, avec des chevaux, des chars, des cavaliers et un grand peuple; frappant tout, pillant les marchandises, ravissant les richesses, abattant les murailles[3].

O la cruelle invasion! Écoutez le prophète Joël :

« La campagne est désolée; le blé est détruit, la vigne est renversée, les laboureurs

1. « Ecce convocabo omnes congregationes regnorum Aquilonis. » (*Jer.* I, 14, 15, XXV, 9.)

2. « Ecce populus venit ab Aquilone, et gens magna, et reges multi; crudeles sunt et immisericordes. »
(*Jer.* L, 41, 42.)

3. « Ecce ego adducam ad Tyrum Nabuchodonosor regem Babylonis ab Aquilone, regem regum, cum equis, et curribus, et equitibus, et cœtu, populo que magno. Vastabunt opes tuas, diripient negotiationes tuas, et destruent muros tuos, et lapides tuos et ligna tua. »
(*Ezech.* XXVI, 7, 12.)

sont confondus, plus d'orge, plus de blé ; les moissons ont péri, les granges sont pillées, les greniers sont dévastés, les troupeaux sont dispersés[1].

« Tout fuit devant ce peuple fort, nombreux, rapide comme l'aurore ! peuple qui se fait précéder par un feu dévorant, et suivre par la flamme qui ravage[2].

« Avant sa venue, cette terre était un lieu de délices ; après son passage, elle n'a plus été qu'un désert ![3]. »

Qui aura assez de larmes pour pleurer tant de morts ?[4] « ces morts dont les cadavres ont été exposés, ici aux ardeurs du soleil, là au froid de la nuit[5]. »

1. « Depopulata est regio ; luxit humus, devastatum est triticum, confusum est vinum, confusi sunt agricolæ, ululaverunt vinitores, quia periit messis agri ; demolita sunt horrea, dissipatæ sunt apothecæ, greges pecorum disperierunt. » (*Joël.* I, 10, 11, 17, 18.)

2. « Quasi mane expansum super montes populus multus et fortis. Ante faciem ejus ignis vorans et post eum exurens flamma. » (*Joël*, II, 2, 3.)

3. « Quasi hortus voluptatis terra coram eo, et post eum solitudo deserti. » (*Joël*, II, 3.)

4. « Quis dabit capiti meo aquam et oculis meis fontem lacrymarum ? et plorabo die ac nocte interfectos filiæ populi mei. » (*Jer.*, IX, 1.)

5. « Et ecce projecta sunt in calore solis et in gelu noctis. » (*Baruch.* II, 25).

Aussi, « les veuves sont-elles plus nombreuses que le sable de la mer[1]. »

Comme l'antique Jérusalem, la France a pu dire : « Nabuchodonosor, le roi de Babylone, m'a mangée, m'a dévorée; il m'a engloutie comme le dragon des mers ; il a rempli ses entrailles de ma chair et il m'a traitée comme un vase qu'on épuise jusqu'au fond[2]. »

Oui, désormais, toutes les fois que nous relirons ces pages de l'Écriture, nous aurons pour les commenter, les ineffaçables souvenirs de tant de scènes de désolation dont nous avons été les témoins !

Mais, pour me borner au sujet spécial de ce discours, puisque je suis chargé aujourd'hui de vous parler particulièrement de nos populations agricoles et des maux qu'ont entraînés pour elles les horreurs de la guerre, permettez-moi d'évoquer quelques souvenirs personnels. Dieu m'a fait la grâce, à la fois terrible et consolante, d'être mêlé de très-près aux épreuves de nos soldats et à celles de nos pay-

1. Multiplicatæ sunt mihi viduæ ejus super arenam maris. » (*Jer.* XV, 8.)

2. « Comedit me, devoravit me Nabuchodonosor, rex Babylonis : reddidit me quasi vas inane, absorbuit me quasi draco, replevit ventrem suum de teneritudine mea. »
(*Jer.* LI, 34.)

sans. J'ai vu mourir les uns, j'ai vu piller les autres ; à tous, j'ai pu porter des paroles de consolation et les espérances immortelles de notre sainte foi ! Laissez-moi donc vous parler avec quelques détails de nos populations rurales.

Sans doute, rien n'est affreux comme l'aspect d'un champ de bataille, après que la lutte a cessé ; quand on s'en va, dans la nuit, une lanterne à la main, relever les blessés, absoudre les mourants, enterrer les morts !

Mais enfin, ces hommes couverts de blessures, ce sont des soldats ! Terribles sont pour eux les conséquences de la guerre ! Toutefois, vainqueurs ou vaincus, ils avaient mis leurs vies comme enjeu de la lutte ! La mort qu'ils ont reçue, ils l'auraient donnée s'ils l'avaient pu.

Mais que dire de ces populations inoffensives, au milieu desquelles se trouve transporté le théâtre de la guerre, et qui, paisibles la veille dans leurs hameaux, voient tout d'un coup leurs maisons envahies, leurs villages pris et repris, leurs fermes transformées en redoutes, les obus lançant des pluies de feu sur leurs récoltes, et toutes les ressources du présent et de l'avenir détruites en quelques heures par le passage des belligérants ?

Le soldat souffre de la guerre ; mais il fait

la guerre. Il en court les périls, mais il en poursuit la gloire, gloire bien vaine, je l'avoue, si on n'y cherche que la satisfaction d'une orgueilleuse ambition ; gloire vraiment solide, si elle n'est autre chose que l'honneur de défendre le drapeau national et le sol sacré de la patrie ! D'ailleurs, le sort du soldat, si dur qu'il soit, n'est pas pire que celui du soldat qu'il combat dans les rangs ennemis.

Le paysan ne fait pas la guerre, et il en subit toutes les horreurs. Invasions, réquisitions (mot officiel qui signifie le pillage organisé et régularisé), mauvais traitements, incendie, ruine de sa pauvre demeure, de son petit champ, de ses moissons, il faut qu'il souffre tout.

Non seulement, le paysan ne fait pas la guerre, mais il ne peut pas la faire.

Déclaré neutre par les mêmes lois militaires qui le traitent en ennemi, il ne peut pas résister par la force aux attentats de la force. Il est mis hors du droit des gens ; et s'il ne peut se résoudre à demeurer témoin passif de la dévastation et du pillage de ce qu'il a de plus cher au monde, si le désespoir lui fait prendre un fusil, comme le caractère de belligérant lui est dénié, il n'y a pour lui que l'impitoyable rigueur des cours martiales. Saisi les armes à la main, il n'est pas traité en soldat, mais en brigand, et immédiatement passé par les armes.

Aussi, mes frères, s'il y a quelque chose de particulièrement navrant dans les scènes si tristes dont le drame de la guerre est rempli, c'est de voir, aux approches de l'ennemi, ces populations villageoises qui émigrent en masse pour échapper aux armées.

Une de ces scènes de désolation m'est plus particulièrement restée dans la mémoire.

C'était le 28 août 1870, à l'entrée des défilés de l'Argonne et de la forêt des Ardennes. Les Prussiens marchaient à marches forcées pour nous atteindre sur les bords de la Meuse. Déjà, quelques engagements partiels avaient eu lieu, et on avait entendu retentir dans le lointain le bruit du canon. La pluie tombait à torrents. Les chemins détrempés et défoncés étaient comme des rivières de boue. Nous allions quitter un bourg où nous avions campé pendant la nuit[1], lorsque vers huit heures du matin, un triste cortége y pénétra. C'était, à la suite les unes des autres, une file de charrettes conduites par des paysans, aux vêtements tout souillés de boue, au regard morne. Sur les

1. Attigny.

charrettes, entre les matelas et quelques meubles, les vieillards, les femmes, les petits enfants. Les pères et les frères marchaient en poussant devant eux quelques vaches. C'était la population d'un village qui avait eu le temps de fuir devant l'approche des armées allemandes.

Les infortunés avaient encore pu sauver, avec leurs personnes, une partie de leur mobilier ; et ils allaient ainsi, à l'aventure, marchant devant eux, ne sachant où chercher asile, sous ce ciel inclément et cette froide pluie! Les femmes et les petits enfants pleuraient. C'était à fendre l'âme. Pauvres gens! ils n'étaient pas lettrés, et ne savaient pas que Virgile avait chanté dans son harmonieux langage les douleurs de ces populations rurales, que le brutal soldat chasse devant lui, et pour qui on peut dire que le clocher natal est vraiment la patrie.

Nos patriæ fines et dulcia linquimus arva,
Nos patriam fugimus!

Ah! ceux-là peut-être auront encore retrouvé debout ces maisons qui abritaient naguères leur paisible existence! Mais les habitants des villages brûlés, — brûlés, soit par les terribles hasards de la guerre, soit, ce qu'il y a de plus cruel, par l'impitoyable vengeance d'un vainqueur irrité?

Un village des environs de Sedan est devenu tristement célèbre, et son sort a ému le monde entier; c'est ce village de Bazeilles où notre infanterie de marine se couvrit de gloire dans la terrible bataille du 1er septembre, que les Allemands brûlèrent le jour même, maison par maison, appliquant là pour la première fois, si je ne me trompe, la redoutable invention du pétrole à la science infernale d'incendier les demeures humaines. La barbarie a fait école. Oui, ô disciplinés et corrects destructeurs de Bazeilles, vous avez inspiré les sauvages incendiaires des Tuileries et de l'Hôtel de Ville; mais les disciples ont dépassé les maîtres!

Que de fois, en passant sur les bords de la Meuse pour le service de nos ambulances, j'ai vu se dresser devant moi les ruines mélancoliques de ce village naguères si florissant! Rien n'avait été épargné, l'église et l'école pas plus que le reste. Quand on passait dans ces rues désertes, on se serait cru ramené à dix-huit siècles en arrière, au milieu des ruines fameuses de Pompéi et d'Herculanum, dévorés par le feu du Vésuve, plus clément et moins dévastateur que le feu allumé par nos terribles ennemis! Car, dans ces villes si florissantes du golfe de Naples, ou a trouvé sous une cendre séculaire, des maisons entières et des objets d'art admirablement conservés. A Bazeilles, je puis affirmer que tout avait péri, *etiam periere ruinæ!* Les hommes ont été plus cruels que les éléments; la Prusse civilisée a été plus barbare que la brûlante lave du Vésuve[1].

Je parle de ces ruines de Bazeilles, parce que je les ai vues, — parce que je suis entré dans ce sanctuaire désolé et profané, — parce que j'ai rencontré plus tard de malheureuses familles de ce village, qui habitaient dans les bois, par les premiers froids d'automne, — parce qu'enfin, ce pauvre village des Ardennes est un des premiers où se soit exercé l'intelligente charité de l'œuvre que je viens aujourd'hui recommander à vos sympathies. C'est là

1. Plus d'une fois, je me suis rappelé devant ces ruines de nos villages dévastés par la guerre, ces vers si touchants d'Olivier Goldsmith :

« Sweet smiling village, ...
Amidst thy bowers, the tyrant's hand is seen,
And desolation saddens all thy green.
... trembling, shrinking from the spoiler's hand
Far, far away thy children leave the land! »

(*The Deserted Village.*)

qu'on a commencé à envoyer à quelques familles, qui entreprenaient courageusement de relever les ruines encore fumantes de leurs demeures, les premiers secours en nature, les vêtements les plus nécessaires, un peu de linge; puis, plus tard, des outils aratoires pour reprendre les travaux des champs, du blé pour ensemencer les terres, en un mot, de quoi recommencer la vie, si violemment et presque si totalement interrompue.

Ce qu'on avait fait à Bazeilles, en aidant à relever les ruines d'un village incendié, on l'a fait ailleurs, presque toujours sous la même forme. Des secours en nature pourvoient aux besoins les plus pressants des populations, rendent aux paysans la possibilité du travail, permettent aux pères de reprendre la culture de leurs champs, aux enfants de retrouver le chemin de l'école.

C'est ainsi, mes frères, que *la Société de secours aux paysans français ravagés par la guerre* a déjà promené son action bienfaitrice dans plus de vingt-cinq départements, et assisté d'une manière très-efficace près de cent communes.

Son appel au monde entier a été entendu. Des sommes importantes sont venues d'Amérique; la Chine a envoyé son offrande; le cap.

de Bonne-Espérance n'est pas resté étranger à cette œuvre de charité; déjà la Société a distribué pour près de trois cent cinquante mille francs de secours en nature[1].

C'est beaucoup assurément, et ce n'est rien. C'est beaucoup, parce que, grâce à l'intelligente distribution de cette somme, la vie a repris dans un certain nombre de communes plus particulièrement dévastées par la guerre. Ce n'est rien, parce que le mal secouru est comme un grain de sable comparé à celui qui reste à secourir.

C'est donc parce qu'il y a encore beaucoup à faire, qu'il faut mettre les messagers de la charité à même d'aller secourir, le plus vite possible, ces populations agricoles où les armées ont passé, comme des torrents dévastateurs, et accumulé tant de ruines. *Ite, angeli veloces, ad gentem conculcatam, cujus flumina diripuerunt terram ejus.*

Rien de plus juste d'ailleurs, que cette comparaison employée par le prophète. Quand la Loire déborde, outre le mal immédiat qu'elle occasionne en brisant les digues, en emportant les chaussées, en renversant les maisons ou même les villages placés trop près de ses

1. Chiffre exact, au 19 mars, 346,756 francs.

rives, elle fait du mal à l'avenir en laissant après elle un sable fangeux, qui stérilise les terres pour plusieurs années.

Ainsi en est-il de la terrible inondation de feu et de sang qui s'appelle la guerre. Outre les maux immédiats, causés au pays où le fléau a promené ses fureurs, il y a les maux légués à l'avenir. Il y a les lourdes charges qui pèseront longtemps sur les générations futures! Il a fallu des années, parfois des siècles, pour établir solidement la prospérité d'un pays; il faudra de nouveau des années et peut-être des siècles pour faire disparaître les dernières traces du fléau de la guerre.

En présence de si grandes ruines, les devoirs de la charité sont immenses. Ce serait à perdre courage si la charité, la vraie charité chrétienne, n'avait quelque chose d'infini, d'inépuisable. Aussi bien, l'apôtre nous dit qu'elle supporte tout, qu'elle suffit à tout, qu'elle ne défaille jamais. *Charitas omnia sustinet, omnia suffert; charitas nunquam excidit*[1].

Il faut vraiment qu'il en soit ainsi, mes frères, dans le temps où nous vivons; mais cela ne peut être, que si on sait s'imposer des

1. *Cor*. XIII, 7-8.

sacrifices. Oui, maintenant, plus que jamais, l'aumône doit être, non-seulement ce don du superflu qui ne nous prive de rien, mais ce retranchement du nécessaire, qui joint au mérite de la charité, celui de la mortification et de la pénitence.

Retranchons donc, pour donner davantage. Prenons par là notre part de ce fléau de la guerre, auquel peut-être nous n'avons payé qu'un faible tribut! Dans le luxe où nous vivons souvent — luxe des vêtements, luxe de la table, luxe dans les choses nécessaires, luxe dans les choses absolument frivoles et inutiles, pensons à ces populations ruinées, incendiées, ravagées! Si nous n'avons le courage de rien nous retrancher, de rien nous refuser, nous ne pourrons suffire à toutes les misères qui nous assiégent, et nous manquerons tout à la fois à nos devoirs de chrétiens et à nos devoirs de citoyens.

Mais j'espère que nous comprendrons cette nécessité. Oui, il faut, entendez-le bien, mes frères, *il faut* que nous entrions tous résolument dans la voie austère des retranchements et des sacrifices. Il le faut, pour faire face aux besoins du présent. Il le faut encore, pour retrouver ces forces morales que la vie facile et le plaisir ont énervées, et sans lesquelles nous rendrions impossibles les réparations de l'avenir.

A tout prix donc, mettons-nous à guérir les blessures de la France !

Mais c'est ici qu'après avoir plaidé la cause de nos pauvres paysans, je dois et je veux redevenir l'apôtre de vos âmes, résolu à vous dire toute la vérité. Or, le cœur de la France est plus malade que son territoire; ses blessures morales sont autrement dangereuses pour elle que ses blessures matérielles.

J'ai fait appel à votre charité pour remédier à celles-ci, je viens conjurer votre foi, votre bon sens, votre patriotisme de guérir les autres.

II

Ce n'est pas seulement par le détail des maux dont nous avons été accablés que notre histoire ressemble à celle du peuple de Dieu, si souvent livré en proie aux cruels rois d'Assyrie et à ces peuples du nord qui venaient le ravager sans pitié.

Nous aussi, comme Israël, nous avons été prévenus de grandes grâces; et, comme Israël, nous en avons abusé de la façon la plus inintelligente et la plus criminelle.

Oui, dans le plan total de l'histoire des sociétés chrétiennes, la France occupe visiblement une place privilégiée, un poste d'honneur. Elle a été comblée de dons, et Dieu lui a prodigué les marques de sa paternelle libéralité.

Je ne puis certes entreprendre de reconstituer la glorieuse et touchante histoire de tant de miséricordes; je puis du moins rappeler sommairement les principales d'entre elles[1]:

Vocation providentielle pour marcher à la tête de la civilisation européenne;

Situation géographique admirable, en harmonie avec cette mission civilisatrice universelle, puisque, d'une part, la France forme une partie considérable du continent, et qu'elle a en même temps accès sur toutes les mers, afin de pouvoir communiquer librement avec le monde entier;

1. Il faut renvoyer ici au beau discours du P. Lacordaire, sur *la Vocation de la Nation française*.
(*Confér.*, t. I, p. 429).

Génie de la propagande, et besoin de communiquer aux autres peuples ses idées et ses sentiments, instincts qui, surnaturalisés par le christianisme ont fait, de la nation française, jusque dans les tristes défaillances de notre siècle, celle de toutes les nations catholiques qui travaille le plus par l'apostolat à la conversion des peuples infidèles et compte dans son sein le plus de martyrs immolés pour la foi de Jésus-Christ ;

Clarté merveilleuse de l'esprit et du langage, s'imposant depuis trois siècles au monde civilisé, dont les divers peuples ne veulent traiter les uns avec les autres qu'à l'aide de cette langue si limpide, si *franche*, derrière laquelle il semble impossible d'abriter le mensonge ou la duplicité ;

Éclat militaire, gloire des lettres, génie administratif, enfin, ce qui est plus précieux que tout, tradition séculaire de dévouement au service de cette Église, qu'un si grand nombre de ses fils et de ses filles ont héroïquement servie sur la terre et dont ils forment au ciel les phalanges triomphantes ;

Oh ! quand on se rappelle ce passé de la France, comme on est tenté de s'écrier avec David : « Qu'elle est glorieuse, l'histoire de ce peuple, *Gloriosa dicta sunt de te, civitas*

Dei[1]*!* « Le Seigneur a aimé cette nation pardessus toutes les autres nations, *Diligit Dominus portas Sion super omnia tabernacula Jacob*[2].

Oui, notre peuple a été aimé d'un amour de prédilection, choisi, mis à part, favorisé des dons naturels les plus excellents, des grâces les plus relevées. Et si nous avions le malheur d'oublier toute cette économie de la Providence à notre égard, le Seigneur ne pourrait-il pas nous dire, en prenant le monde entier à témoin :

« Habitants de Jérusalem, et vous, hommes de Juda, soyez juges entre ma vigne et moi.

« Que pouvais-je faire de plus pour elle ?

« Pourquoi, au lieu de fruits savoureux, produit-elle des fruits sauvages[3]? »

C'est, en effet, le très-juste reproche que le Seigneur a le droit de nous adresser.

Nous avons abusé de ses grâces.

Nous avons méconnu ses bienfaits.

Au lieu de produire la piété, la justice, le

1. *Ps.*, 86, v. 3.
2. *Ib.*, v. 2.
3. « Nunc ergo, habitatores Jerusalem, et viri Juda, judicate inter me et vineam meam. Quid est quod debui ultra facere vineæ meæ, et non feci ei? an quod exspectavi ut faceret uvas, et fecit labruscas? » (*Isaïe*, v, 3, 4.)

bien, nous avons donné des fruits amers, l'impiété, l'iniquité, l'oubli des droits de Dieu et de nos devoirs.

Une invasion plus terrible que celle des peuples du nord s'est étendue à toute la France et a pénétré partout.

Le panthéisme savant des Universités germaniques avait franchi le Rhin, longtemps avant les bataillons et les escadrons des armées allemandes. Nos beaux esprits popularisaient parmi nous les thèses les plus radicales des Hegel et des Strauss—ne se doutant pas, hommes à courtes vues — que tout ce qui ruinerait chez nous les croyances et les pratiques de la foi chrétienne ruinerait du même coup les principes de la théodicée et de la morale naturelles, — et que, quand nous serions devenus un peuple sceptique et voluptueux, nous serions sans force et sans vertu aux jours des grandes épreuves.

Puis, en même temps que l'élite de nos libres penseurs accommodait à l'usage des salons et des classes libérales ces négations savantes, d'autres écrivains, plus populaires, les mettaient à la portée des classes ouvrières. Une presse à bon marché, servie par un colportage aussi actif qu'intelligent, faisait arriver, jusque au fond de nos campagnes les plus reculées, les idées subversives de toute religion et de toute morale. Ce que les beaux esprits des villes disaient dans les grandes revues et dans les grands journaux, les beaux esprits de village le répétaient dans ces réunions d'estaminet qui font, dans tant d'endroits, une concurrence si redoutable aux offices et aux enseignements de l'Église.

Quand les paysans ont vu que des *Messieurs* qui avaient fait leurs études, qui avaient pris leurs diplômes, pour être notaires, juges de paix ou médecins, se moquaient ouvertement de l'autorité du curé, et ne fréquentaient jamais le lieu saint, ils en ont fait autant.

L'incrédulité et le matérialisme ont envahi nos campagnes comme ils avaient envahi déjà les faubourgs de nos grandes villes, nos usines et nos ateliers.

J'affirme que cette invasion a fait à l'âme de la France des blessures mille fois plus profondes que les blessures de la guerre.

Assurément, il faut plaindre les populations dont les maisons ont été brûlées, les moissons détruites, les troupeaux dispersés et pillés. Bien des fois le cœur m'a saigné quand je voyais ces piquets de uhlans chercher encore à prendre dans de pauvres hameaux où l'on avait déjà tout pris.

Mais ceux qui, par leurs écrits, mis à la portée de ces simples, leur ont appris à mépriser les enseignements du prêtre et, sous prétexte de les émanciper et de les éclairer, les ont jetés dans l'oubli total de Dieu et des destinées de l'âme immortelle ; ceux qui, par leurs exemples et l'ascendant que la profession des carrières libérales assure à certains hommes sur le paysan, lui ont persuadé de ne plus croire, de ne plus prier, de ne plus espérer, de ne plus regarder vers le ciel, ah! ceux-là ont fait à ces populations de nos campagnes mille fois plus de mal que les réquisitions, les pillages et les incendies de la guerre!

On rebâtit les villages brûlés — on rend à ces pauvres agriculteurs leurs cabanes dévastées, leur petit mobilier, les instruments aratoires, des semences pour préparer des moissons nouvelles; — mais qui rendra à ces âmes le trésor de la foi, de ses certitudes, de ses consolations, de ses ressources morales? Qui réparera les ruines irréparables de cet immense incendie d'incrédulité et d'immoralité qui s'est étendu si rapidement, comme ces feux qui, allumés dans une forêt et poussés par le vent, gagnent de proche en proche et consument des contrées entières?

Les morts, les pauvres morts des batailles,

ah ! nous les avons pleurés ! Oui, quand nous les ensevelissions le soir, par un pâle clair de lune, sur les bords ensanglantés des ruisseaux ou dans les clairières des bois, nous avions dans le cœur toutes les douleurs de ces mères, de ces sœurs, de ces fiancées, de ces orphelins, qui ne devaient plus revoir ces êtres aimés !

Mais quand, au milieu même des horreurs de la guerre, il nous est arrivé de constater l'endurcissement de quelques-unes de nos populations rurales, de voir qu'elles ne savaient plus prier, que les devoirs les plus essentiels de la vie chrétienne leur étaient devenus étrangers, et que les instincts brutaux de la cupidité et de l'animalité avaient comme étouffé, avec les splendeurs de la foi, la flamme même de la droite raison naturelle, oh ! alors, le glaive a pénétré jusqu'à notre cœur. *Ecce pervenit gladius usque ad animam.* (Jér., IV, 10.)

Un pays n'est pas déshonoré parce qu'il a été vaincu ; une nation n'est pas morte, parce que la fortune des batailles a été contre elle. On revient de la captivité ; on répare les pillages ; si âpres que puissent être les cupides exigences d'un vainqueur qui fait de la guerre une exploitation, et de la victoire un de ces placements avantageux destinés à rapporter des milliards, on sort de tout cela avec des sacrifices et de l'économie.

Mais si, à tous ces maux extérieurs faits par la violence, on joint ces maux terribles du dedans qui s'appellent l'impiété, le scepticisme, l'habitude de se moquer de tout, la prétention de ne plus croire à rien, la destruction de tout idéal, la poursuite exclusive des jouissances de la vie présente, l'impossibilité de résister aux exigences déshonorantes de la volupté, l'asservissement aux intérêts matériels ; oh ! encore une fois, voilà les plaies incurables et les blessures mortelles ! *Insanabilis fractura tua, pessima plaga tua.* (Jér., xxx, 12.)

Et mille fois aveugle, je le déclare maintenant, oui, mille fois aveugle, celui qui se refuserait à reconnaître le caractère de châtiment empreint si visiblement sur tous les maux dont nous avons été accablés.

C'est là encore que notre histoire offre les plus frappantes et les plus tristes analogies avec l'histoire du peuple de Dieu ! C'est là que nous sommes autorisés à adresser à notre pays et à nos concitoyens, les avertissements terribles que les prophètes donnaient autrefois à un peuple prévaricateur :

« Parce que je vous ai appelés et que vous ne m'avez pas répondu, dit le Seigneur par la bouche d'Isaïe; parce que j'ai parlé, mais en vain; parce que vous avez fait le mal devant moi, et que vous avez choisi ce que je n'ai pas voulu, vous serez comptés et livrés au glaive[1] ! »

« Si les lions ont rugi contre vous, dit encore Jérémie, s'ils ont poussé de grands cris, s'ils ont réduit cette terre en solitude, si vos villes ont été brûlées, si les étrangers vous ont outragés des pieds à la tête, tout cela vous est arrivé, parce que vous avez abandonné le Seigneur votre Dieu! »

« Ah! voyez et comprenez combien il est triste et amer d'avoir abandonné le Seigneur, ce qu'il en coûte de briser son joug et de lui dire : Je ne vous obéirai pas[2]. »

1. « Numerabo vos in gladio et omnes in cæde corruetis, pro eo quod vocavi, et non respondistis, locutus sum et non audistis; et faciebatis malum in oculis meis, et quæ nolui, elegistis. » (*Isa.*, LXV, 12.)

2. « Super eum rugierunt leones, et dederunt vocem suam, posuerunt terram ejus in solitudinem; civitates ejus exustæ sunt. Filii quoque Mempheos et Taphnes constupraverunt te usque ad verticem. Numquid non istud factum est tibi, quia dereliquisti Dominum Deum tuum, eo tempore quo ducebat te per viam? Scito et vide quia malum et amarum est reliquisse te Dominum Deum tuum, et non esse timorem mei apud te, dicit Dominus Deus exercituum. » (*Jer.*, II, 15, 16, 17, 19.)

« Le Seigneur ne pouvait plus se contenir à cause de la malice de vos désirs, et des abominations que vous avez commises; et votre terre a été livrée à la stupeur, à la désolation, à la malédiction, parce que vous avez péché, et que vous n'avez point marché dans les lois et ordonnances du Seigneur[1]. »

Vous le voyez donc, mes frères, il ne s'agit pas seulement de donner de l'argent pour relever les ruines matérielles accumulées par la guerre dans les départements ravagés, — ceci est l'œuvre de la miséricorde corporelle, et je vous la recommande de nouveau au nom de la charité de N. S. Jésus-Christ, qui vous récompensera de nourrir et de vêtir, pour l'amour de lui, tant de malheureux auxquels la guerre a tout pris ; — mais il faut aussi, il faut surtout que nous nous mettions tous à guérir ces blessures profondes, que l'impiété et l'immoralité ont faites à l'âme de la France,

1. « Non poterat Dominus ultra portare propter malitiam studiorum vestrorum, et propter abominationes quas fecistis, et facta est terra vestra in desolationem, et in stuporem, et in maledictum, propterea quod sacrificaveritis idolis, et peccaveritis Domino, et non audieritis vocem Domini, et in lege et in præceptis, et in testimoniis ejus non ambulaveritis : idcirco evenerunt vobis mala hæc, sicut est dies hæc. » (*Jer.*, XLIV, 22, 23.)

blessures qui sont le vrai principe de nos malheurs, et qui en attireraient de nouveaux sur nous, si nous n'entreprenions pas résolûment d'y porter remède.

Il n'y a pas un moment à perdre. Il faut aller vite à toutes ces maladies morales.

« Allez, courez, volez, messagers rapides. » *Ite, angeli veloces!* Allez à cette nation foulée aux pieds et pillée! Allez à ce peuple auquel de cruels ennemis ont enlevé les inappréciables trésors de la croyance en Dieu, de la foi en Jésus-Christ, des espérances de la vie éternelle, et qui, à cause de cela, demeure à terre comme écrasé! *Ite ad gentem convulsam, dilaceratam, conculcatam!*

Allez à ce peuple, vous surtout, à qui votre position sociale permet d'exercer sur lui de salutaires influences! Allez panser ses blessures! Que les exemples de votre foi et de vos mœurs rendent à ce peuple le don de croire, le bonheur d'espérer, la science de bien vivre!

Dans quelques mois, beaucoup d'entre vous quitteront la vie tumultueuse des grandes cités, et iront s'établir au milieu de ces campagnes où la propagande athée et matérialiste a fait de si redoutables ravages. Prenez la résolution, mes frères, de vous occuper sérieusement de ces populations agricoles. C'est un véritable apostolat que Dieu vous confie. *Dei sumus adjutores.* (I Cor., III, 9.)

Si vous contribuez à guérir ces plaies déjà invétérées, il nous sera permis d'espérer des jours meilleurs. Nous pourrons alors emprunter aux prophètes, non plus leurs gémissements et leurs cris d'alarme, mais leurs paroles d'encouragement et leurs actions de grâces!

Oh! oui, vienne le jour où nos efforts unanimes et persévérants nous mériteront d'entendre, de la part de Dieu, une de ces paroles qui relèvent et vivifient! Vienne le jour où le Dieu de toute justice et de toute miséricorde, apaisé par la contrition nationale, ordonnera à ses ministres de nous dire :

« Voici que je vais cicatriser et guérir vos blessures, et dire sur vous une parole de paix et de vérité! Je vous pardonne tous ces crimes par lesquels vous m'aviez abandonné et méprisé[1].

« Et dans ce pays, naguère désolé, on en-

1. « Ecce ego obducam eis cicatricem et sanitatem, et curabo eos : et revelabo illis deprecationem pacis et veritatis.

Et emundabo illos ab omni iniquitate sua, in qua peccaverunt mihi, et propitius ero cunctis iniquitatibus eorum in quibus spreverunt me. » (*Jer.*, XXXIII, 6, 8.)

tendra de nouveau la voix de l'allégresse, et le chant de ceux qui diront : Béni à jamais soit le Dieu des vertus, parce qu'il est bon, et que sa miséricorde est éternelle !

« Et comme le Seigneur les avait dissipés, désolés, perdus, maintenant il veillera sur eux, les relèvera et leur rendra une nouvelle vie[1] !

« Ainsi soit-il ! »

1. « Adhuc audietur in loco isto vox gaudii et vox lætitiæ, vox sponsi et vox sponsæ, vox dicentium : Confitemini Domino exercituum, quoniam bonus Dominus, quoniam in æternum misericordia ejus ; reducam enim conversionem terræ sicut a principio. (*Jer.*, XXXIII, 11.) Et sicut vigilavi super eos ut evellerem et demolirer et dissiparem, et disperderem, et affligerem, sic vigilabo super eos ut ædificem et plantem. » (*Jer.*, XXXI, 28.)

La quête a été faite pendant le salut du Très-Saint-Sacrement, par

Madame Thiers
et S. A. R. la princesse Czartoryska ;

et à la sortie de l'église, par :

Mesdames Henry Blount,
la marquise de Castellane,
la vicomtesse A. de Chezelles,
la baronne Doe,
la comtesse de Gouy d'Arsy,
la comtesse d'Harcourt,
la baronne de Hirsch,
F. Karrick-Riggs,
la comtesse Mniszech,
la comtesse A. de Mun,

Dames patronesses de l'Œuvre ;

Et par :

Mesdemoiselles de Biron,
de Bryas (Henriette),

qui ont bien voulu prêter leur concours et tenir une bourse.

La quête a produit 20 000 francs.

PARIS. — TYPOGRAPHIE LAHURE
Rue de Fleurus, 9

www.ingramcontent.com/pod-product-compliance
Lightning Source LLC
LaVergne TN
LVHW020245230826
846091LV00006B/2248
9782011768001